DESCUBRAMOS PAÍSES DEL MUNDO

Descubramos el CONGO

Kathleen Pohl

Consultora de lectura: Susan Nations, M.Ed., autora/consultora de alfabetización/consultora de desarrollo de la lectura

Gareth Stevens PUBLISHING

Please visit our website, www.garethstevens.com.
For a free color catalog of all our high-quality books,
call toll free 1-800-542-2595 or fax 1-877-542-2596.

Library of Congress Cataloging-in-Publication Data available upon request from publisher.

ISBN-10: 0-8368-8780-8 ISBN-13: 978-0-8368-8780-8 (lib. bdg.)
ISBN-10: 0-8368-8787-5 ISBN-13: 978-0-8368-8787-7 (softcover)

This edition first published in 2008 by
Gareth Stevens Publishing
111 East 14th Street, Suite 349
New York, NY 10003

Senior Managing Editor: Lisa M. Guidone
Senior Editor: Barbara Bakowski
Creative Director: Lisa Donovan
Designer: Tammy West
Photo Researchers: Sylvia Ohlrich and Charlene Pinckney

Spanish edition produced by A+ Media, Inc.
Editorial Director: Julio Abreu
Chief Translator: Adriana Rosado-Bonewitz
Associate Editors: Janina Morgan, Rosario Ortiz, Bernardo Rivera, Carolyn Schildgen
Graphic Designer: Faith Weeks

Photo credits: (t=top, b=bottom, l=left, r=right)
Cover Per-Anders Pettersson/Getty Images; title page Martin Harvey, Gallo Images/Corbis; p. 4 Marcus Wilson-Smith/Alamy; p. 6 Cyril Ruoso/JH Editorial/Minden Pictures; p. 7t Konrad Wothe/Minden Pictures; p. 7b Bruce Davidson/Nature Picture Library; p. 8 De Agostini/Getty Images; p. 9 Karl Ammann/Corbis (2); p. 10 Schalk Van Zuydam/AP Images; p. 11t Maurizio Gambarini/Landov; p. 11b Euan Denholm/Reuters/Landov; p. 12 Eddie Gerald/Alamy; p. 13t Rodrique Ngowi/AP Images; p. 13b Jacques Jangoux/Alamy; p. 14 Eddie Gerald/Alamy; p. 15t Sebastian Bolesch/Das Fotoarchiv/Peter Arnold; p. 15b Martin Harvey, Gallo Images/Corbis; p. 16 Schalk Van Zuydam/AP Images; p. 17t Nic Bothma/Corbis; p. 17b Robert Caputo/Aurora Photos; p. 18 Steve Turner/Alamy; p. 19t Jacques Jangoux/Photo Researchers; p. 19b David Wall/Alamy; p. 20l Gary Cook/Alamy; p. 20r Emilio Ereza/Alamy; p. 21 Mark Renders/Getty Images; p. 22 Nigel Cattlin/Photo Researchers; p. 23t Jacky Naegelin/Landov; p. 23b AP Images; p. 24 Howard Burditt/Reuters/Landov; p. 25l Jose Azel/Aurora Photos; p. 25r Michel Euler/AP Images; p. 26 Shutterstock; p. 27t Konrad Wothe/Minden Pictures; p. 27b Per-Anders Pettersson/Getty Images

Printed in the United States of America

1 2 3 4 5 6 7 8 9 11 10 09 08 07

Contenido

Las palabras definidas en el glosario están impresas en **negritas** la primera vez que aparecen en el texto.

¿Dónde está el Congo?

El Congo está en África central. Su nombre completo es República Democrática del Congo. Tiene nueve vecinos. Al oeste está la República del Congo. Los dos nombres pueden sonar casi iguales pero son países diferentes. Al oeste, el Congo también tiene una pequeña costa en el océano Atlántico.

¿Lo sabías?

La República Democrática del Congo es muy grande. Es el tercer país más grande del **continente** africano.

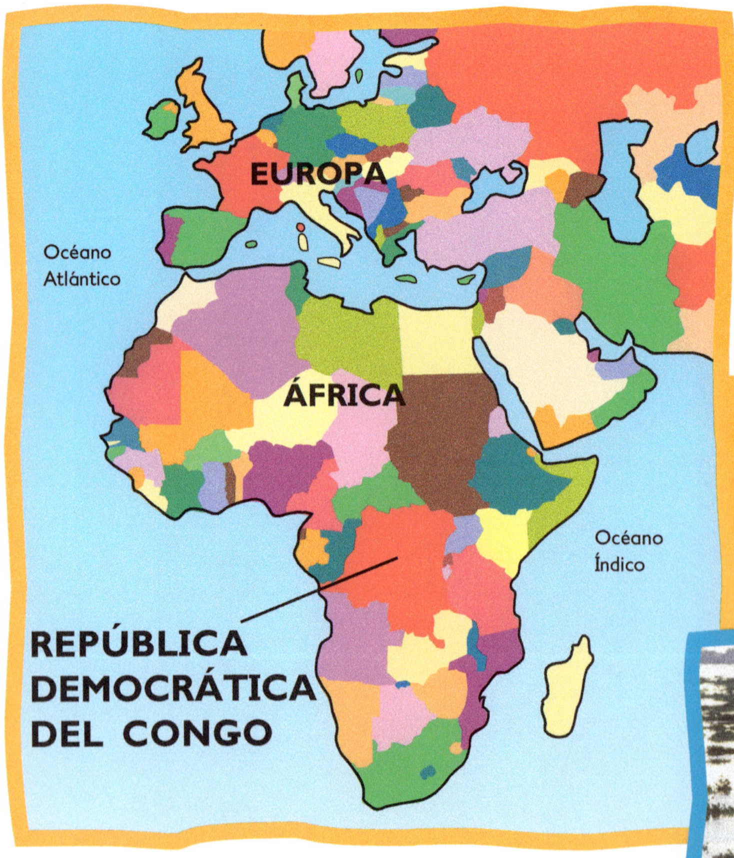

La República Democrática del Congo forma buena parte de África central.

Botes transportan personas y artículos por el río Congo.

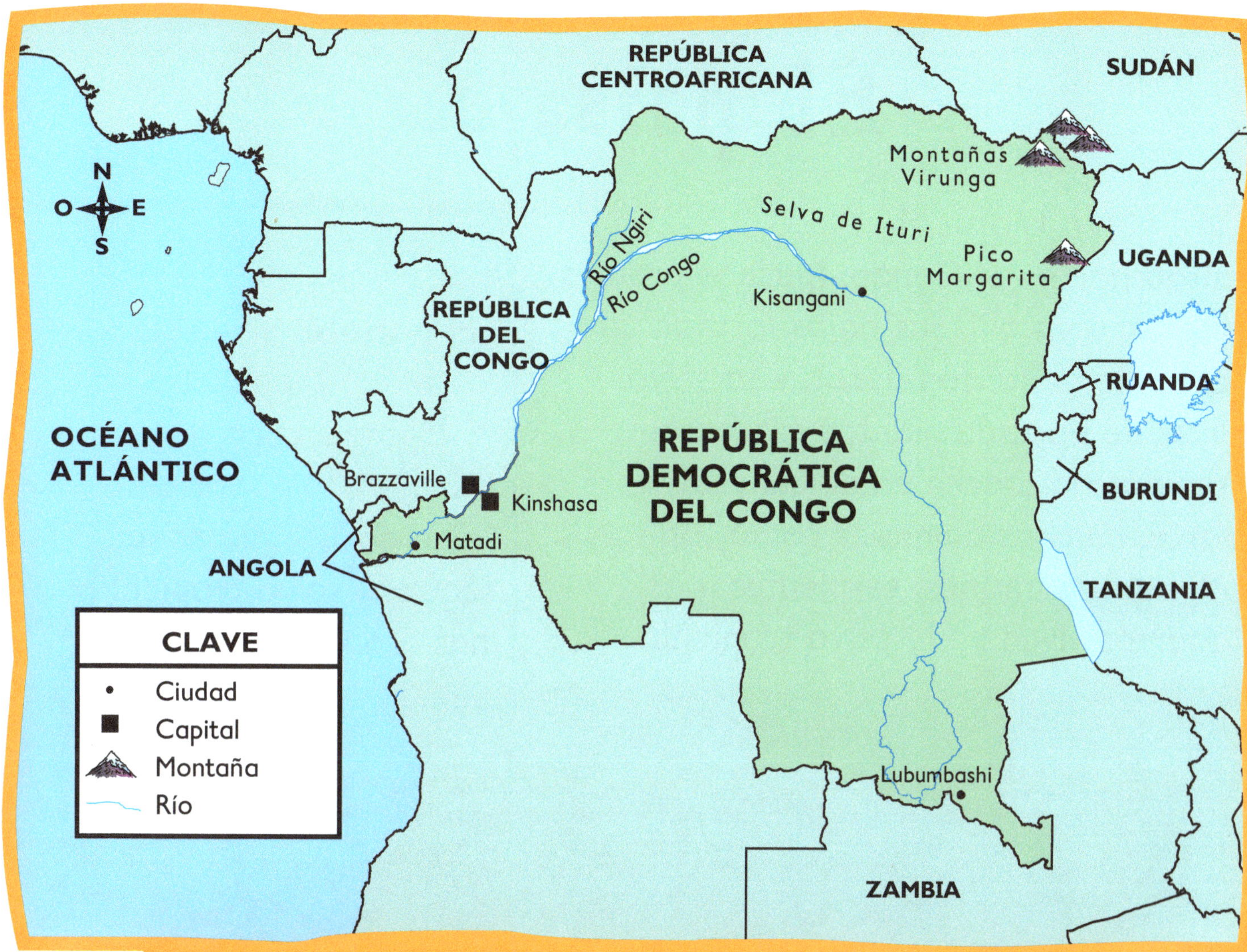

En este mapa se muestran todos los lugares mencionados en este libro.

Al norte están la República Centroafricana y Sudán. Uganda, Ruanda, Burundi y Tanzania forman la frontera este del Congo. Zambia y Angola están al sur.

Kinshasa es la capital y la ciudad más grande del país. Tiene algunos edificios altos y modernos así como casas nuevas. También tiene áreas muy pobres con caminos de tierra.

El río Congo fluye a través de gran parte del país. Es el quinto río más largo del mundo y el segundo más largo de África.

El paisaje

Una **selva tropical** espesa crece en la mitad norte del Congo. Muchos árboles altos crecen ahí. Sus hojas forman un techo llamado **dosel**, sobre la selva. Miles de tipos de plantas crecen ahí. Algunas no crecen en ninguna otra parte. Muchos animales como los papagayos, monos, serpientes y lagartos viven en la selva tropical.

¿Lo sabías?

El **bonobo** vive sólo en la República Democrática del Congo. El hogar de este gran simio es la segunda selva tropical más grande del mundo.

Los bonobos, como este joven simio, viven sólo en la selva tropical al sur del río Congo.

El Congo tiene **sabanas** en el sur. Esas áreas son pastizales con muy pocos árboles.

Las montañas se elevan al este. Los gorilas y babuinos tienen su hogar ahí. Algunas de las montañas son volcanes.

El río Congo fluye a través de la mayor parte del país. Es una vía fluvial importante. La gente usa botes para transportar mercancías y viajar por el río.

Esta rana añade su voz a los sonidos de la selva tropical.

Las montañas Virunga, en el este del Congo, son una cadena de volcanes. El volcán que se muestra aquí hizo erupción, o explotó, en 2006.

Clima y estaciones

El clima en el Congo es **tropical**. Es muy cálido y húmedo la mayor parte del año. El área más caliente es la selva tropical. Las tormentas eléctricas son muy comunes.

Las sabanas son más frescas y secas. A veces no llueve en meses. Ahí viven animales como leones, cebras, jirafas y antílopes.

Una manada de búfalos pasta en los pastizales secos de la sabana.

¿Lo sabías?

Hace tanto calor ¡que algunos animales toman baños de lodo para refrescarse!

Aquí un hipopótamo se mantiene fresco con lodo en un pantano del Parque Nacional Virunga.

Amanece en la selva tropical. Ahí crecen muchos tipos de árboles y otras plantas.

Al este, la brisa ayuda a refrescar las montañas. Las temperaturas pueden llegar al congelamiento por la noche. Algunas cimas tienen nieve. El pico Margarita es la montaña más alta del Congo.

Los congoleños

En el Congo viven más de 60 millones de personas. La mayoría vive cerca del río Congo o en las tierras altas. Una de cada tres personas es muy pobre. Algunas no tienen casa. Quienes tienen más dinero viven en ciudades o en **suburbios**. Los suburbios rodean las ciudades.

¿Lo sabías?

Los nativos de la Selva de Ituri, en el norte, viven casi como lo hicieron sus **antepasados**, hace 2000 años.

La mayoría de la gente del Congo llegó hace mucho de otras partes de África. Hoy, más de 200 **grupos étnicos** viven en el Congo. La mayoría tiene su propio idioma. Tienen diferentes formas de hacer las cosas. Algunas veces pelean entre sí. Las peleas entre grupos dentro de un país se llaman **guerra civil**.

Muchas mujeres congoleñas usan ropa brillante y colorida. Algunas usan pañuelos en la cabeza.

Estas personas van a la iglesia. La mitad de los congoleños son católico romanos.

Una mujer nativa descansa después de recolectar leña en el este del Congo.

La mitad de los congoleños son católico romanos. Otros son protestantes. Algunos siguen las religiones africanas. Pocos son musulmanes.

El idioma oficial del Congo es el francés. Se habla en las escuelas y oficinas de gobierno. También hay otros cuatro idiomas nacionales y cientos de idiomas locales.

Escuela y familia

Los niños de 6 a 12 años tienen que ir a la escuela. Sin embargo, en algunas áreas, muchos no van. Algunos tienen que caminar mucho por caminos maltrechos para llegar a la escuela. Las escuelas tienen poco dinero para maestros y libros.

A la escuela primaria van más niños que niñas. Todos los estudiantes tienen que presentar un examen para ser aceptados en la escuela intermedia. Algunos van a la preparatoria. Otros se quedan en casa y trabajan con sus familias.

¡Es hora de almorzar! La mitad de los niños en el Congo van a escuelas administradas por las iglesias.

Estos estudiantes disfrutan de jugar fútbol después de la escuela.

Esta mamá y su hijo viven en un pueblo en el río Ngiri.

La mayoría de las familias son grandes y muchos familiares viven en una casa pequeña. Los pueblos están compuestos de gente del mismo grupo étnico.

Las mujeres del Congo no tienen los mismos derechos que las mujeres de otros países. Los padres a veces escogen a esposos para sus hijas.

¿Lo sabías?

La mitad de la gente en el Congo tiene menos de 15 años.

Vida rural

Siete de cada 10 personas viven en el campo. La mayoría son granjeros que apenas pueden alimentar a sus familias grandes. Muchos son muy pobres. Algunos no tienen comida suficiente.

Los granjeros cultivan batatas que son como ñames (o camotes). También cultivan **mandioca** (o yuca) una raíz vegetal, y **plátanos grandes**. Otros cultivos importantes son maíz, arroz, cacahuates (o maníes) y caña de azúcar. La gente cría cabras, ovejas, vacas y cerdos.

Las mujeres hacen la mayor parte del trabajo en los campos de cultivo.

¿Lo sabías?

Millones de personas del Congo comen a diario las raíces de mandioca. Comen las hojas como verduras.

Menos de la mitad de la gente del Congo dispone de agua potable. Tienen que caminar mucho para conseguirla en un río.

Estas congoleñas recolectaron leña para cocinar. Llevan la leña sobre sus cabezas.

Las mujeres trabajan en el campo. Recolectan madera y cocinan en fogatas. Muchas aldeas no tienen luz eléctrica o agua. A menudo el agua no es potable.

Vida urbana

Algunas personas van a las ciudades del Congo en busca de trabajo. Kinshasa tiene una población de 6 millones de personas. Tiene edificios altos de oficinas y museos de arte. Tiene una universidad y un gran estadio.

Hay personas en Kinshasa que tienen trabajos buenos. Otras son muy pobres. Los ricos viven en un suburbio moderno. Tiene calles pavimentadas y electricidad. Otras partes de la ciudad no son así.

¿Lo sabías?

Kinshasa y Brazzaville están a ambos lados del río Congo. Brazzaville es la capital de la República del Congo. Las dos ciudades son las capitales más cercanas del mundo.

Kinshasa, vista de noche, es la capital de la República Democrática del Congo.

Esta congoleña barre frente a su tienda en Kinshasa.

Matadi es el puerto principal del Congo. Está a la mitad del camino entre Kinshasa y el océano Atlántico.

Lubumbashi es una ciudad grande al sur. Está en una parte del Congo con muchas minas de cobre. Kisangani y Matadi son puertos activos del río Congo. En estos puertos se envían y reciben artículos.

Casas congoleñas

En las ciudades, los apartamentos están hechos de cemento. En las áreas pobres, la gente vive en casas pequeñas de adobe.

Algunas personas del Congo son **refugiados**. Dejaron sus países por estar en guerra. Los refugiados viven en tiendas de acampar en campamentos con muchas personas.

¿Lo sabías?

La mayoría de las aldeas no tiene líneas telefónicas. Pero mucha gente usa teléfonos celulares.

La gente vive en apartamentos en este edificio angosto en Kinshasa. Hay tiendas en el primer piso.

En el campo la mayoría de la gente vive en casas hechas de adobe y palos de madera. Los **techos de paja** están hechos de pasto o de hojas de palma. La gente con más dinero vive en casas con techos de metal. Pueden usar el agua que escurre de los techos. Los pobres tienen que obtener el agua de una bomba del pueblo o un río.

Estas mujeres tejen hojas de palma para hacer techos de paja.

Esta casa de dos pisos está hecha de adobe y tiene techo de paja.

Comida congoleña

La mayoría de la gente sólo come una o dos comidas al día. Comen mucha comida con almidón como maíz, mandioca (o yuca) y arroz. La mandioca y el arroz se cocinan y se sirven en un tazón grande. La gente se lleva el arroz a la boca con la mano. Mezclan el arroz o la mandioca con una salsa picante. Hacen bolas con la mezcla y las comen.

Estas mujeres machacan la mandioca para hacer harina. Con la harina se hace pan de mandioca que se come a diario.

Los congoleños cultivan y comen plátanos amarillos. También cocinan carne en "paquetes" hechos de hojas de plátanos amarillos.

Los plátanos amarillos y los plátanos grandes son alimentos importantes. Se comen crudos, fritos, al vapor o en puré. En las ciudades, los restaurantes sirven estofados picantes. Están hechos de verduras y pollo o carne de res. Tambíen comen cabra y bagre.

¿Lo sabías?

La gente en el Congo no tiene mucho dinero para comprar carne. A veces comen murciélagos o larvas, las crías de ciertos insectos.

El trabajo

Algunas personas cultivan para vender. Punzan los árboles de hule (o caucho) para obtener **látex**, un líquido blanco lechoso usado para hacer hule. Para recolectarlo se hacen cortes en los árboles. También cultivan palmas por el aceite. Los granjeros cultivan y venden algodón y café.

¿Lo sabías?

Los árboles de hule se punzan por el látex de manera parecida a la que el arce se punza por su jarabe.

El Congo es muy rico en **recursos naturales**. Los recursos naturales son materiales proporcionados por la naturaleza como carbón y madera. Buena parte del Congo está cubierta de selvas. La gente corta los árboles por la madera que se usa para fabricar muebles.

El árbol del hule se punza y el látex se recolecta en un recipiente.

Una trabajadora de asistencia a la salud analiza sangre en un centro médico.

Los aldeanos usan bateas para buscar diamantes en un lecho de río.

La minería es una de las industrias principales. La gente busca diamantes y cobre en las minas en el sudeste y este del país. También extraen oro y un metal llamado **cobalto**. El cobalto se usa para hacer imanes, motores a reacción y vidrio de color.

En las ciudades la gente trabaja en hoteles, tiendas y bancos. Enseñan en las escuelas y trabajan en clínicas. Algunas personas trabajan en **fábricas**. Hacen llantas, zapatos, ropa y cemento.

La diversión

A mucha gente en el Congo le gustan los deportes, en especial el fútbol. Lo juegan en las calles y la escuela. Ven jugar a sus equipos en los estadios. También el básquetbol y los deportes de pista y campo son populares. A la gente en el Congo y otras partes de África le gusta un juego de mesa llamado mancala.

¿Lo sabías?

Los bailes tradicionales celebran eventos grandes como un nacimiento o una buena cosecha.

El fútbol tiene muchos aficionados entre los congoleños. Aquí, la selección nacional de la República Democrática del Congo juega un partido contra Sudáfrica.

Los nativos de la Selva de Ituri bailan para celebrar eventos importantes.

Un congoleño devuelve la pelota durante un partido de tenis en Kinshasa.

La música y el baile son una gran parte de la vida en el Congo. La gente de los pueblos toca flautas de madera y tambores. Bailan y cantan. En las ciudades, especialmente en Kinshasa, a muchos les gusta bailar en los clubes nocturnos. También el jazz es popular.

Navidad y Pascua son las principales fiestas religiosas. También celebran el Año Nuevo y el Día de la Independencia. El Día de los Padres es una fiesta especial. Ese día, el primero de agosto, las familias van a los cementerios. Para honrar a los muertos, limpian sus tumbas. Luego, las familias hacen un día de campo.

El Congo: Datos

• La República Democrática del Congo se nombró así en 1997. Antes, el país se llamaba Zaire (zair).

• El Congo era controlado por Bélgica, un país de Europa. En 1960, el Congo se independizó (o liberó) del control exterior.

• En el pasado, el Congo no había sido una **democracia** verdadera. La gente no elegía a sus líderes. En lugar de ello, un **dictador** era el jefe del país. Desde 1990, el gobierno del Congo lentamente le ha dado a su gente más libertades. Recientemente la gente votó por un presidente. El presidente es el jefe de gobierno.

• El Congo es un país de problemas políticos. A veces su gente está en guerra civil o en conflicto con países vecinos.

La bandera de la República Democrática del Congo tiene un fondo azul. El azul significa paz. Una estrella amarilla en la esquina significa la esperanza de un futuro brillante.

¿Lo sabías?

El **okapi** es un símbolo del Congo. ¡Este animal no vive en ningún otro lugar del mundo!

Los okapis son parientes de las jirafas. Usan sus lenguas largas y oscuras para sujetar hojas ¡y limpiarse los ojos y las orejas!

La unidad monetaria del Congo es el franco congoleño. El franco de papel tiene distintas imágenes.

Glosario

antepasados – miembros de la familia que vivieron en el pasado

bonobo – un tipo de simio grande parecido al chimpancé

cobalto – metal utilizado para hacer productos como imanes, motores a reacción y vidrio de color

continente – gran extensión de tierra

democracia – un gobierno en el que la gente elige a sus líderes

dictador – un líder que rige un país en el que la gente no tiene poderes

dosel – capa superior de ramas y hojas que cubre la selva tropical

fábricas – edificios donde se hacen artículos

grupos étnicos – grupos de personas con cultura, tradiciones y formas de vida iguales

guerra civil – guerra en la que la gente de un mismo país lucha unos contra otros

látex – líquido blanco lechoso usado para hacer hule (o caucho)

mandioca – (también conocida como yuca) una raíz con almidón

okapi – animal que come plantas y es similar a la jirafa

plátanos grandes – frutas parecidas al plátano amarillo pero más grande y verde. Crecen en lugares tropicales.

recursos naturales – recursos proporcionados por la naturaleza como bosques, ríos y minerales que la gente usa para la industria

refugiados – gente que huye de su país frecuentemente por razones políticas o religiosas

sabanas – áreas de pastos con pocos árboles

selva tropical – selva muy espesa en un clima tropical donde los árboles altos forman un dosel

suburbios – áreas fuera de la ciudad

techos de paja – techos hechos de montones de pasto, hojas de palma o paja

tropical – muy cálido y húmedo

Para más información

All About Nature

www.allaboutnature.com/subjects/apes

National Geographic

www.nationalgeographic.com/congotrek360

Teach the Children

www.teachthechildrenwell.com/social.html

Zoom School

www.zoomschool.com/school/Africa

Nota del editor para educadores y padres: Nuestros editores han revisado meticulosamente estos sitios Web para asegurarse de que sean apropiados para niños. Sin embargo, muchos sitios Web cambian con frecuencia, y no podemos asegurar que el contenido futuro de los sitios seguirá satisfaciendo nuestros estándares altos de calidad y valor educativo. Se le advierte que se debe supervisar estrechamente a los niños siempre que tengan acceso al Internet.

Mi mapa del Congo

Fotocopia o calca el mapa de la página 31. Después escribe los nombres de los países, extensiones de agua, ciudades, provincias y territorios que se listan a continuación. (Mira el mapa que aparece en la página 5 si necesitas ayuda.)

Después de escribir los nombres de todos los lugares, ¡colorea el mapa con crayones!

Países
Angola
Burundi
República Centroafricana
República del Congo
República Democrática del Congo
Ruanda
Sudán
Tanzania
Uganda
Zambia

Extensiones de agua
océano Atlántico
río Congo
río Ngiri

Ciudades
Brazzaville (República del Congo)
Kinshasa
Kisangani
Lubumbashi
Matadi

Regiones, montañas
montañas Virunga
pico Margarita
Selva de Ituri

Índice